MIS VALORES MORALES

EN PELIGRO DE EXTINCIÓN

MITO O REALIDAD

RANULFO GONZALEZ AGUILAR

INDICE

Dedicatoria:

Primeramente a Dios porque creo que a pesar de los retos siempre ha estado conmigo, a mis padres que me dieron la vida, con ella se hacen maravillas y sin ella nada existe, a mi esposa por darme dos maravillosas flores, apoyo y comprensión.

Eternamente agradecido.

LA EXTINCIÓN

O

LA VIDA

PARA QUE PREVALEZCAN ESTÁ EN TUS MANOS

Hoy en día tenemos que estar conscientes que el mundo actual nos exige mayor preparación e información en todos los aspectos por consecuencia adaptarnos a un nuevo siglo, al pasar de los años nos hemos ido dando cuenta como hemos ido evolucionando desde lo manual hasta lo electrónico, para ello necesitamos personas preparadas y actualizadas en la materia para poder inculcar y enseñar a las nuevas generaciones el manejo y dominio de todas estas nuevas actualizaciones.

Al no contar con ello o el tener cada vez menos personas preparadas por consecuencia el resto así como lo manual va pasando a segundo y tercer término hasta que termina siendo obsoleto e inservible , que mejor ejemplo que el ver llegar un estudiante y preguntarle a la persona que él cree la adecuada no solo por su edad sino porque se supone que mamá o papá ya estudiaron , y que desilusión cuando nos quedamos perplejos y no sabemos qué *contestar solo nos justificamos diciendo eso no Me lo enseñaron .*

De la misma manera, también querido lector necesitamos yo diría urgen personas, si no expertas por los años que

llevamos de deterioro por lo menos conocedoras de los buenos valores de la humanidad para comunicar, explicar, enseñar y sobre todo educar a nuestras nuevas e ignorantes culturas y así darle un enfoque diferente a nuestros niños y jóvenes ellos son el futuro no solo del país sino también de nuestra familia, colonia, sociedad etc. Valores que a subes irán formando el carácter, personalidad, forma de ser, actuar, pensar, decidir etc. Solo por un propósito.

Un mejor lugar un mundo para vivir muy diferente y mejor para las nuevas generaciones en este libro querido y apreciable lector encontraras solo algunos de los muchos valores que hemos ido perdiendo sin darnos cuenta yo le invito a practicarlos más, ya que de gotita en gotita de agua dulce en un mar, por salado que este sea se podría beber mejor.

Adóptalos son parte de ti, luego átalos siempre a tu corazón y enlázalo a tu cuello. Ellos te guiarán cuando andes, cuando duermas, cuando ames, cuando llores, cuando perdones y cuando sientas desfallecer. Ellos hablarán contigo; serán la lámpara que dará luz a tu camino hasta que aquella luz un día se apague.

A través de los años y desde nuestros tiempos ancestrales, de nuestras acciones que a su vez, otros individuos enseñarán a otros, ya que es uno de los tesoros hemos aprendido nuestros valores morales y de generación en generación pasaremos lo que vagamente recordamos haber aprendido de ellos. Vivimos enseñando a otros más grandes heredados en la humanidad. No importa el país la religión, comunidad, ranchería o pueblo, en el rincón más pequeño del mundo, aún hay algún valor aprendido vivo.

No obstante, es diferente a muchos casos, ya que no los podemos tocar ni ver, pero la experiencia de sentirlos cada vez que haces una acción buena, no se puede explicar. Lo triste y en ocasiones hasta frustrante es que un gran porcentaje de la humanidad no los conoce, no saben para que sirven o en que nos ayudan. Es como tener agua en las manos y no poderla tocarla, tener corazón y no poderlo sentir, tenerlos en la mente y no saberlos usar; o quizá algunos individuos, necesitan ciertas herramientas para saber cuándo, a qué hora, en qué lugar, y como se deben llevar a cabo.

Creo que todos los seres humanos desde que nacemos, ya nacemos con uno de nuestros valores la vida. Si analizamos y buscamos en muchos diccionarios, no viene el significado de valores morales, en algunos viene el valor. Cuando tenemos miedo de algo y tanto usted como yo sabemos que necesitamos valor. Tal vez en pequeñas o grandes cantidades, todo el tiempo. Ya que todo el tiempo de nuestra larga o corta vida tememos de algo.

No obstante, si tomamos en cuenta la determinación de prepararnos y hacemos uso continuo de aquello que tememos, aprendemos a enfrentarlo.

MORAL. Se determina como un conjunto de reglas de conducta y de valores que funcionan como reglas en una sociedad.

Después de varios estudios y el haber conocido y estudiado a varias personas de diferentes países del mundo como la India, China, Venezuela, Perú, África, Romania, Paquistán, Arabia, Rusia, y otros países incluyendo el lugar donde yo nací, México, me di cuenta que todos tenemos algo en común, y no es nuestra educación, cultura aprendida, lenguaje, etc., si no nuestros valores morales.

Sin embargo, para mí en particular y respetando el derecho de expresión de lo demás, considero que aprender en varias etapas de nuestra vida, desde que nacemos hasta que morimos, sin dejarlos de practicar un solo día. Son conceptos que vamos aprendiendo día con día de nuestros padres, o de familiares más cercanos, para aprender a distinguir lo bueno y lo malo, lo que es permitido hacer, y lo que no es permitido hacer. Entre otros podemos encontrar: reunir a la familia cada navidad o festejar todos los cumpleaños de nuestros padres ya que es una costumbre, o el ir a la iglesia a veces no por que quiera, sino porque mis padres me llevan, inculcándome la religión. Así como el ponerle una gran ofrenda a mi abuelo como le gustaba, sin importar si se portó bien o mal, ya que es tradición, el tener que estudiar, ya que es una responsabilidad.

El querer y respetar tanto a mis padres como a mis hermanos, aunque haya diferencias de opinión en ocasiones. El no robar si no aprender a ganarse el dinero uno mismo con un trabajo o negocio. El respetar la vida ya que es lo más preciado que tiene el ser humano. El ser honesto y hablar con la verdad sobre todas las cosas. El no jurar, algo que no vamos a hacer. Y sobre todo, ser personas integras cuando crezcamos, ya que estos conceptos que aprendemos cuando somos pequeños son los que regirán y guiaran nuestra vida. Y lo más importante, nos ayudaran a tomar decisiones concretas cuando seamos personas adultas, ya que lo que bien se aprende nunca se olvida. Por eso mismo le invito a usted, que se haga esta pregunta: ¿Quién, siendo una persona adulta no utilice sus conceptos aprendidos? Valores, o reglas, como mejor le parezca para tomar una decisión cualquiera que esta sea incluyendo casarse, emprender un negocio, tener un hijo, etc., e incluso y aunque lo parezca, muchas veces inconsultamente accederlo a su propia descendencia ya sean buenos o malos.

CAPITULO 1

PELIGRO DE EXTINCIÓN

Si ponemos un granito, florecerá.

Es triste y a la vez frustrante ver como atreves del tiempo se han ido deteriorando los valores morales. Hoy en día, a cualquier hora en cualquier lugar y cualquier tipo de persona, e incluso niños, se encuentran violando los valores que quizá aprendieron de alguna manera que ellos consideran que es la correcta. No precisamente me refiero a aquellas disque oficinas de respaldo a los derechos de las personas que lo único que hacen es privarles del poco dinero que tienen. Y que muchas de esas personas se encuentran violando sus propios valores y los de los demás en su propio lugar de trabajo.

Probablemente usted se preguntara ¿Por qué me expreso de esa manera? Y con toda seguridad quiero que usted al leer este libro abra no solo su mente, porque no es suficiente, sino también su corazón, y entenderá porque es que digo que usted tiene la muerte de la vida en sus manos. Y quiero aclarar que lo que leerás a continuación no es una varita mágica que te cambiara la vida. Sin embargo, si aprendes a ponerlos en práctica, y revivirlos, ten por seguro que serás una persona más humanitaria y responsable de sus actos. Reconocerás las reacciones de las acciones, y sobre todo aprenderás a entender y a comprender a la gente aunque ellos no te entiendan. Porque para poder ayudar o entender a la gente, es obvio que primero tienes que ayudarte y entenderte a ti mismo.

Por lo menos no juzguemos a los demás si no queremos que nos juzguen, porque nos encanta juzgar y hablar pero nos molesta que nos juzguen y hablen de nosotros. Mejor estudia y prepárate porque un gran maestro dijo "un ciego nunca podrá guiar a otro ciego." ¡Claro que no! Ambos caerán en el hoyo.

¿Acaso un padre de familia podrá guiar y aconsejar a sus hijos sin aprender cómo ser un buen padre? No el hijo será el reflejo del padre, pero con menos años o acaso un maestro podrá enseñar a sus alumnos, a ser buenos alumnos sin haber aprendido a ser un buen maestro ¡no! Lo único que aprenderían es lo poco que algún día aprendió el maestro.

Si aprendes a ser una buena persona con buenos valores, solo entonces tendrás la certeza que si alguien se acerca para pedirte ayuda, con seguridad se la brindaras.

CAPÍTULO 2

RESPETO

No pidamos a los demás, mejor demos y se nos dará.

Hablemos del respeto. Es una frase que tan pequeña, compuesta solo con siete letras. Pero no te imaginas que tan grande sea su contenido. No es necesario hacer una encuesta para saber qué significa. Para la mayoría de la gente, respetar a los demás, respetar su manera de ser, su manera de pensar, etc. Sin embargo, ¿será verdad que respetamos lo que decimos? Hace algún tiempo un gran señor, llamado Benito Juárez, lo dijo en una frase muy solemne que se ha quedado por generaciones dijo: "El respeto al derecho ajeno, es la paz." Era obvio que alguien se le echara a perder agregando la frase y "la conservación de los dientes", no obstante y sin más preámbulos retrocedamos a cuando éramos niños; cómo nos inculcaron el respeto.

Aunque pueda ser más arraigado o más actualizado en otros países, el valor es el mismo en cualquier lugar. En muchos de los casos, nuestros papás nos decían que saludaremos a nuestra familia, ¡ah! a pero si algún tío (a) le hacía algo a mi padre, este nos advertía que si le hablábamos, no lo cuestionaría ya que el ya eligió por nosotros.

Es verdad que desde pequeños somos regidos y educados por nuestros padres, ya que nosotros no podemos, ellos eligen la ropa al nacer, la cuna, dependiendo la situación económica, ¡claro! nuestro cuarto, juguetes, etc. Pero no debemos olvidar que a cierta edad nuestros padres deben tanto a ensenarnos como a aprender a respetar nuestras decisiones, y no es así. A continuación, encontraras unos conceptos que quizás le parezcan conocidos, o quizás para usted es algo natural, pues así lo aprendimos.

Si al papa le cortan el cabello de una manera, cualquiera que sea, ¿a quién cree usted que se lo cortan y lo trae igual? Aserto, al hijo (a).recuerdo que un Día en un parque, muy concurrido un niño se sentía muy orgulloso, luciendo la leyenda de su playera que decía mi papa es un chingón y yo un cabrón, ve un ignorante enseñando a ser ignorante, a su propio hijo, En raras ocasiones lo visten igual ¿verdad? , tiene que caminar y hablar igual para que le digas ese es mi hijo y a mucho orgullo. ¿Recuerda usted que en ocasiones había comidas o bebidas que a nosotros no nos gustaba, pero por órdenes de mi papá o mamá las teníamos que tomar o comer? Ahora yo a usted persona adulta, le pregunto, a su edad, ¿le hacen comer a la fuerza algo que no desea y que es muy desagradable para usted? Usted si puede elegir, pero un niño no. Y que me dice cuando salimos a comprar ropa, ¿a quién le tiene que agradar?

Cuando salíamos a pasear, a comer, en una ocasión me conmovió ver a una persona junto con su familia. Parecían felices, a no ser una niña de escasamente 11 o 12 años, que no parecía estar del todo feliz. Cuando un caballero se acercó a tomar la orden y pude observar que el papa eligió tacos para todos. Tuvo si quisiera la decencia de preguntar cuántos querían ¡No! Al parecer, ordenó de acuerdo a las edades de los niños. Cuando les trajeron sus órdenes, ella no quiso el ordeno que se los dejaran ahí, ella le cuestiono diciéndole que eso no le gustaba, y con una voz muy prepotente le dijo que si no se los tragaba, se los iba a meter a fuerza a la boca, que ella ya lo conocía. Ella contesto, diciéndole que le dijo desde antes que ella no quería ir a ese lugar. A lo que él respondió que no le iba a llevar a donde ella quisiera quizás por pena. Ya no cuestiono más, y con lágrimas en los ojos, comió.

Yo me preguntaba, ¿cómo sería la vida de esa joven? qué triste que a esa edad no respetemos las decisiones de nuestros hijos. Quizás en ocasiones queremos cosas tan buenas para ellos que no nos damos cuenta que terminamos como manager manejando sus vidas y los acostumbramos tanto, a tal grado que ¿quien elige la escuela dónde vamos? ¿Quien elige muchas veces nuestra carrera? ¿Quién tiene que como dicen, ver si nos conviene el novio o la novia? ¿Quien elige si me caso o no? ¿Quien elige la iglesia? ¡Caramba! , se da usted cuenta a donde está el respeto a nuestras decisiones, buenas o malas, nos equivoquemos o no, son y deben de ser nuestras.

Tenemos derecho de pedir opinión, pero no por eso se van a molestar por no hacer su voluntad. Permítame decirle que al no contar con la familia, seguimos aferrados. Para comprar un carro, ¿a quién le pedimos la opinión? acertó, a nuestros amigos. Al comprar una casa, al invertir, o poner un negocio, para aceptar ser novio o novia de alguien, utilizamos nuestra frase mágica, ¿y tú como ves, que te parece? quiero saber tu opinión. Y lo raro es que varios terminamos haciendo lo que nos dicen. Quizá para mucha gente, esto le puede parecer ilógico, ¿y porque no ponerlo en práctica, se va a llevar una gran sorpresa?

Le aconsejo a usted, que haga algo muy cotidiano llámele a su novio(a) y dígale que le invita a comer. Pregúntele a donde le gustaría ir, y si le contesta "a donde tú quieras" Ahí se dará cuenta que el (ella) no tiene decisión propia. ¿Cuántas veces le pedimos permiso a mamá para ir a una fiesta? , y para no equivocarse, te manda con tu papá, y el papá con la mamá, solo falta que te manden con tus abuelos, a ver si ellos pueden tomar la decisión. ¿Lo ves? en simples frases, yo le pregunto; ¿Cómo actúa la gente ante un verdadero problema? Esquivando los problemas, contratando a algún tipo de especialista en ese tipo de problemas para que se los solucione. Muchos jóvenes eligen suicidarse por problemas tan pequeños, que si hubieran aprendido a respetar su propia vida y tomar decisiones, no estarían sin vida.

CAPÍTULO 3

LA VIDA DE LOS DEMAS

Formemos personas de bien, no bienes para las personas.

¿Alguna vez le has faltado el respeto a alguna persona? Sabía usted que un alto porcentaje de la gente, además de faltarse el respeto en su propia familia, termina faltándoselo a los demás y termina haciéndolo cuando forma la propia suya. Mucha gente hoy en día dice ¿qué mundo le vamos a dejar a nuestros hijos? Y yo le pregunto ¿qué hijos le va a dejar a este mundo?

Acaso un hijo(a) borracho, alcohólico, déspota y orgulloso, prepotente, vulgar en su hablar, pues que cree muchos ya lo tienen, y otros están en plena formación. Y no estamos hablando de hijos que vienen de familias disfuncionales, o por falta del padre o madre. Esas son solo excusas que la gente inventa para justificar sus malas acciones. Y las de su descendencia, Porque en la medida en que demos, recibiremos y en la forma y manera que tratemos a los demás así precisamente se nos tratara. No puedes exigir nada bueno, si todo lo que has dado es malo, y no esperes nada malo si todo lo que has dado es bueno.

Recuerdo que cuando yo era joven, le dije un día a mi maestro, que me preguntó qué quería estudiar, después de contestarle termine diciéndole: cuando me case, quiero que mis hijos tengan lo que yo no tuve para que sean unos triunfadores. Me molestó un poco al inicio su respuesta, él me dijo: "tú tienes un mal concepto para hacer un hijo(a) triunfador. "Explíqueme porque, le pregunte," poniéndose la mano en la mejilla me dijo. "¿Quieres formar un hijo como tú dices? bríndale todo y dale todo en la vida para que cundo crezca y sea grande, crezca con la idea que todo le tienen que dar." "cuando deje sus juguetes y su ropa tirada, levántasela y hazle todo, para que sepa que todo le tiene que hacer." "cuando se pelee en clase o con un amigo, ve y agárrate con el maestro o con los padres del niño(a), y que él esté presente, para qué cuando crezca, y alguien le llame la atención, piense que es porque le tienen mala voluntad. Y será un fracasado."

Más te das cuenta como no es bueno brindarles todo a los hijos sin antes explicarles de donde, y como vienen las cosas que uno desea culmino. Y aunque no en todas las cosas es así, usted puede observarlo en su propia casa, pueblo, ciudad, etc. Cómo es el comportamiento de la mayoría de los jóvenes hoy en día. Es claro que un joven de un país es muy diferente a un joven de

Otro país en su comportamiento.

Sin embargo, hablemos de México. No únicamente porque es el lugar donde nací, sino porque es uno de los países que yo considero más deteriorado culturalmente. Y eso es verdaderamente triste. Que la mayor parte de la gente se le ha olvidado respetar la vida de los demás. Yo recuerdo que antes, cuando a alguien le faltaba el respeto le preguntaban ¿en dónde te faltó el respeto? Pero ahora mejor hay que preguntar, ¿en dónde si te respetan? Lo vivimos a diario, en el pesero, el metro, el taxi, en las escuelas, y en la calle no se diga en empresas gubernamentales o privadas, que el nombre de prestadoras de servicios, solo el nombre les quedó.

No puede terminar un día sin ver discutir a la gente. Peleándose en la calle, choferes recordándose que tienen madre, estafas, robos, atropellos, violaciones, etc. Vulgaridades a la orden del día, porque mexicano que no conoce el doble sentido o es vulgar, no es mexicano. No generalizando, ni faltando el respeto a los animales, porque creo que se han intercambiado papeles. Los animales ahora son más humanos, y los humanos cada día son más animales.

Usted puede justificarse diciendo que son modismos, que por cierto en el 2006, haciendo memoria estaban a punto de sacar el diccionario de los nuevos modismos, ya que muchas palabras que utilizan los jóvenes no existen. Entonces, ¿Quién las inventó? ¿Algún estudiante inteligente analfabeto? No me cabe en la cabeza entender el enorme problema que es para muchos futuros padres encontrar el nombre idóneo para su hijo(a). En ocasiones hasta un gasto innecesario, comprar el libro de nombres para qué si cuando crezca le va a decir "buey." Esa es la palabra correcta, porque ni se dicen bien. ¿A usted escuchado estas frases? Raramente, quizá   sí:

-No manches guey

-Se me hizo tarde, guey

-Si guey

-No vas a creer lo que me pasó guey?

- te pasas guey

-la neta guey

-ya vámonos guey

Si, ¿verdad que las hemos escuchado algunas veces? Esta disque palabra porque no existe, existe, en ingles wait, que es espera. Como lo mencione anteriormente, buey que es un animal y no es solo un modismo entre jóvenes, le dice algo esto del papá o mamá.

-no seas buey, aprende

-así no se hace, eres un guey

-¿no te puedes amarrar las agujetas? Saliste igual que tu padre de guey.

- ¿Qué te pasa? Papi me caí. Hmm como eres guey.

-No seas guey, ¡aprende! ¡Así no se hace!

Esto no es educación, muchas personas piensan que con mandar a los hijos a una buena escuela cambiarán, pero no es así.

Estas mismas frases que son de las más decentes y otras más las utilizan universitarios, licenciados, abogados, doctores, diputados, actores, cantantes, etc. Si ese es el ejemplo que tenemos o tienen los que vienen abajo, qué esperamos de ellos cuando lleguen. Muchos noviazgos así se tratan, hablan, y se comportan. Si no se respetan cuando son novios, ¿que esperamos cuando se casen? No me imagino el padre dando gracias y diciendo, "estamos aquí reunidos para unir a un buey con otro buey" o para que se distinga el sexo, "con una vaca." Parece fuerte mi expresión, pero la impresión es cada vez que lo escuchamos. Por esas cosas y por muchas otras, el respeto a la vida propia y de los demás ha ido quedando cada vez más atrás. En una ocasión en una de muchas clínicas que existen, llegó un señor de rancho con su esposa, muy humildes los dos; en sus brazos, un niño bastante enfermo. Pero antes de atenderlo, les preguntaron si traían consigo suficiente dinero para curarlo, menciono uno de los doctores. El señor afligido contesto, que un poco, pero que hicieran el favor de curárselo, que el regresaría a reunir más dinero. Mientras pasaba el tiempo, y el niño tendido en una camilla, otro doctor que iba pasando contesto opinando que si ese niño no estaba asegurado ahí era difícil de se le atendiera, que mejor se lo llevara a otro lugar. Por fin, después de casi treinta minutos, se lo atendieron, pero ya no lo pudieron ayudar, y el niño falleció. Y todavía el doctor salió y le dijo al señor lo sucedido, pero que si no le pagaba tanto la consulta como el certificado de defunción, no le entregarían al niño. El señor junto con su esposa se fueron por dinero y el niño durante varias horas permaneció junto a uno de los lavabos sin que nadie cuestionara. Y este es solo uno de miles de casos similares y con mayor crueldad. ¿Se da usted cuenta que tan poco respeto a la vida le tienen supuestamente personas especializadas en esa área? Precisamente por eso piense usted que el respeto a la vida es algo parecido a un baúl con un tesoro que los padres heredan a los hijos y los hijos a sus hijos para formar una familia con respeto. Así que un consejo, cada vez que abras aquella puerta donde salen tus palabras, analízate si estás diciendo lo correcto. Por lo tanto, todo lo que entra en la boca de la gente se va al Estómago y es desechado, pero todo lo que sale de la boca solo sale, y es muchas veces lo que contamina a amigos, matrimonios, familias, hijos, hermanos, etc. De ahí de la boca salen malos pensamientos, que esto a su vez desencadena, envidias malas palabras, peleas, divorcios, maltratos, homicidios, mentiras y muchos más. Así que la mayor parte de las veces para hacerle mal a alguna persona, solo tiene que abrir la boca y hablar. Ciertamente, cuando escuches a alguien que hable mal de ti, no pongas mucha atención a sus palabras, ya que no hay persona justa en la tierra que haga mal y nunca page, porque bien sabemos que nosotros también hemos dicho y hablado mal de otros, muchas veces ¿está usted pensando en alguien?

CAPÍTULO 4

HONESTIDAD O

MENTIRA

No alimentes algo que al final, hará daño

a los demás.

Traerá siempre cosas negativas el ser deshonesto, así como cosas positivas el ser siempre honesto. ¿Usted cómo se considera? ¿Más honesto que deshonesto? o solamente mentimos cuando necesitamos evadir alguna situación desagradable He comprobado que cada vez que nos encontramos en ese tipo de situaciones nos vemos en la necesidad siempre de mentir. No tomando en cuenta las conversaciones normales donde no hay necesidad de hacerlo. Pero que es tan común de la gente, algo así como un habito natural del 99.9% de las personas y dejando en duda el otro porcentaje restante. O usted todavía tiene en mente que en algún rincón de la tierra de este mundo existe la posibilidad de encontrar alguna persona que nunca, en los años que lleva viviendo, haya dicho una mentira naturalmente que no se puede encontrar mucha gente que le diga: ante todo, siempre hay que decir la verdad. Que desilusión que en esa primera frase se encuentra nuestra primer mentira, no tiene por qué sentirse mal ya que todos en alguna etapa de nuestra vida se nos presentan alguna situación que nos obliga a decir o inventar una pequeña mentira piadosa. De esa mentira, en muchas de las ocasiones depende salvar una vida, o todo lo contrario, si la razón es negativa. No obstante debemos estar seguros que la mentira es y siempre será justificada, cuando el fin común es bueno. Un ejemplo tan cotidiano es encontrarse algo extraviado, ¿Qué hacemos? ¿Buscamos al propietario o nos lo quedamos? Si sabemos de quien es eso extraviado, de inmediato le informamos o lo ignoramos. Es complicado ¿verdad? Más si lo necesitamos, bueno, una recompensa monetaria no nos caería nada mal, pero serias recompensado(a) una sola vez. Bueno, yo pienso que podríamos buscar la manera de ser recompensados más veces, ¿no cree? Las buenas recompensas no son las mejores que puedes guardar en tu bolsillo, pero serán incontables cada vez que provoques la felicidad de alguien.

Desafortunadamente, la mayoría de la gente miente pero no para bien, y todavía la gente le llama mentira piadosa. Obviamente existe un porque los padres mienten y no precisamente padres de familia, los hijos mienten, la esposa miente, mis amigos, e incluso los profesionales. Se vuelve una cadena y no alimenticia, no considero que sea necesario mencionarle frases, usted bien sabe cuántas utiliza diariamente. "mejor es que no prometas a que prometas y no cumplas," Lee esta pequeña frase diez veces antes de seguir leyendo. Me imagino que no te vas a engañar, ahora, ¿de qué te servirá esto? Cada vez que alguien te pida algo, antes de contestar, te acordaras de esta pequeña frase, y no prometerás algo de lo cual no estás completamente seguro. Solo si está en tus manos, hazlo, porque tus acciones hablarán más que las promesas que hagas.

Es normal que al inicio te va a costar mucho trabajo, pues aparte de ser algo común, ha sido debidamente aprendido. Entonces piensa si es algo aprendido, se puede cambiar. Tú puedes hacer que prospere más la verdad en tu persona. Me pregunto yo,

¿acaso la gente no se fastidia de tanto mentir?

"Mi esposo", decía una señora, "se cansó tanto de decirme que lo nuestro se arreglaría, que terminamos divorciándonos."

"Mi mama", decía una niña, "me dijo tantas veces que la negara cuando no quería ver a alguien, que terminé creyendo que esa era la solución a los problemas."

Mi papa, nos dijo muchas veces a mis hermanos y a mí que nos conformáramos con lo que Dios nos daba, que terminé creyendo que Dios era injusto por darnos tan poco a comparación de lo que les daba a muchos de los papás de mis amigos.

Mi papá y mi mamá, me dijeron muchas veces que los reyes magos eran tan pobres, pero que algún día me traerían un buen regalo si cambiaba mi actitud que Terminé creyendo que lo perdieron todo y se olvidaron de mí, pues aún sigo esperando.

Mi mamá, me dijo muchas veces que no tenía tiempo para mi papa y para nosotros, que su trabajo le pedía mucho tiempo. Y terminé creyendo que se esforzaba mucho por nosotros hasta que dejó a mi papá y se fue con el otro.

Mi papá, me dijo muchas veces que si golpeaba a mi madre era porque la quería. Que Termine creyendo que si no golpeaba a la mía, un día me dejaría.

Mi papá me dijo muchas veces después de haber bebido, insultado, y golpeado a sus amigos, que un hombre nunca se deja de nadie, que termine creyendo que para ser hombre hay que tomar, insultar, y golpear a los amigos.

Mi papá, me dijo después de haber bebido tanto alcohol, que me quería mucho que termine creyendo que para querer a los hijos, siempre hay que estar borrachos.

Estas son solo algunas de tantas frases, que nosotros hemos considerado y aprendido como verdades, cuando no lo son. Si no todo lo contrario, he analizado que el mentir para muchas personas, no es un hábito, si no que se ha convertido en una costumbre, sin mencionar algunos otros aspectos, como autoestima, que juega un papel verdaderamente importante. ¿Por qué algunos disfrazamos y nos da miedo hablar con la verdad?

- Por miedo a ser rechazados.

- Por miedo a no ser aceptados por los demás.

- Por miedo a que nos critiquen.

- Por miedo a que nos tachen de anticuados.

- Por miedo a perder el afecto y apoyo de nuestra familia.

- Por miedo a perder la amistad de mis amigos.

- Por miedo a perder a mi novio(a).

- Por miedo a perder a mi esposo(a).

- Por miedo a perder a mis hijos.

- Por miedo a perder a mis padres.

- Por miedo a que mi pareja no esté de acuerdo conmigo.

- Por miedo a que me pidan el divorcio.

- Por miedo a que mi jefe me despida del trabajo.

- Por miedo a que me digan que no quiere ser mi novio(a).

- Por miedo a que me digan que estoy embarazada.

- Por miedo a que me digan que no me ayudan.

- Por miedo a que me digan que no hay trabajo.

- Por miedo a que me digan que tengo una enfermedad incurable y me voy a morir.

Ahora, piense esto ¿es tan importante para usted como para no sostener y hablar con la verdad? De alguna u otra manera, la verdad tarde o temprano siempre sale a relucir. Y lo que hoy sostiene con mentira, mañana la verdad se lo quitará. De eso estoy completamente seguro. ¿Usted no? Afortunadamente eres una persona adulta, no es necesario tener 50 años para serlo. Tienes en tus manos el camino de la vida, no sigas engañado(a) ni engañando a los demás porque lo que empieza con una mentira, termina creyendo que así es la vida.

CAPÍTULO 5

HABLANDO DEL AMOR

La individualidad es única, déjalos ser.

Quizá, alguna vez has sentido que tu cuerpo es tan pequeño en comparación con el corazón tan grande que sientes dentro de ti. O quizá alguna vez sentiste tener las estrellas en tus manos. Así es el amor, no se puede ver ni tocar, solo sentir. Es uno de los sentimientos más hermosos que han existido, que existen, y seguirán existiendo. Te hace querer a los demás sin encontrar defecto alguno. Pocas veces se puede ocultar, por amor se han concebido y construido las cosas más maravillosas en este mundo y terminado muchos proyectos individuales y en conjunto, Por amor se llora y se ríe por amor se muere y se vive. Por amor se construye y de la misma manera se destruye, según la manera que lo tomes. En ocasiones queremos bajar y regalar lo inalcanzable a alguien amado, incluso hasta dar lo que no nos pertenece.

¿Puede haber diferentes tipos de amor? El amor es uno solo aunque se presenta en diferentes etapas de nuestra vida y en diferentes grados de intensidad. En ocasiones con finales felices, o finales tristes. Con responsabilidad o irresponsabilidad, haciendo lo incorrecto que muchas veces creemos que es correcto, o haciendo lo correcto que creemos incorrecto, pero todo ser humano e incluso no humano, demostramos o sentimos el amor por algo o por alguien, según hayamos aprendido ese concepto del amor. Está comprobado que en muchas ocasiones actúa como medicamento para las personas. Que les levanta la autoestima, se sienten menos solitarias, le encuentran un mejor sentido a la vida, logran cosas en tan corto tiempo que de lo que pensaban iban a tardar, vuelve a las personas más tolerantes, menos ofensivas, e incluso menos conflictivas. Es verdadera mente sorprendente lo que hace el amor con ellas. Como si físicamente fuera la misma, pero tanto emocional como mentalmente se la hubieran cambiado por otra. Lo verdaderamente malo, es que no sabemos cuándo se les termine ese medicamento y terminen diciendo la conocida y famosa frase; "me quiero morir" Algunas lo cumplen, terminando con su propia vida, algo como si la gloria terminara para convertirse en un infierno.

Por eso es importante que hables, comprendas y enseñes a tu familia el verdadero significado del amor. Que debemos aprender a amarnos y querernos así tal cual somos y si nacimos con defectos, cada defecto encontrarle una cualidad, eso es lo que nos hace únicos y diferentes a los demás.

Hay personas que hoy en día se sorprenden y les parece asombroso cuando ven gente que pinta con la boca, o los dedos de los pies, que sabe leer y esta ciega, que sin piernas maneje un carro etc. No salen de su asombro, diciendo que es verdaderamente sorprendente e increíble. Pero no, ¿Por qué nos engañamos? Por favor pensemos como humanos, veamos nuestra realidad. ¿Sabe que es lo increíble y sorprendente? Ver gente que tiene brazos, piernas, boca, puede ver, físicamente no le hace falta nada, y no logra absolutamente nada en la vida.

Eso es lo increíble. Así que nunca pierdas tu individualidad esto te ayudara. Ya que en el futuro siempre encontraras a alguien que te haga sentir mal. No te preocupes, siéntete bendecido, ya que eso es lo que te hace ser diferente a los demás, Las personas que carecen de algún miembro, en ocasiones son más exitosas compréndelos.

Sin importar nacionalidad, cultura, religión, educación, y nivel socioeconómico; por un solo motivo pertenecen a la misma raza que nosotros. Todos somos humanos, como humanos todos nos equivocamos, si sufres una desilusión nunca te deprimas, piensa muy bien antes que él (ella) llegara y te conquistara ¿qué te dio? Ya que tenías vida a tu manera eras feliz, contenta, alegre, etc.

Quizá el tenerlo(a) en tu vida aumento estas características si te dejo, quedaste igual. Así que no llores nadie que te haya hecho daño merece una sola lagrima, "tus lagrimas valen más". No las desperdicies con alguien que no vale la pena, ya que un día las necesitaras, se fuerte.

CAPÍTULO 6

CUANDO EL AMOR SE ACABE

Ama la vida y aprenderás a amar todo lo que es bueno para ti.

Tenemos que limpiar nuestra humanidad para qué surja sangre nueva. Buenas generaciones, para que a su vez retoñe eso que se está perdiendo entre nosotros, El "AMOR." no basta ir a la mejor universidad, o ser el mejor estudiante y sacar las mejores calificaciones, necesitamos algo más; y es que cuando se pierde el amor, se pierde el sentido y el rumbo del porque estamos aquí. Empecemos a ser parte de ese grupo, que está terminado con lo poco de nuestros valores que nos quedan. "EL AMOR". Comenzamos a fingir, y al despertar, nos preguntamos ¿Quién es esa persona que está junto a mí, en mi cama? Ya no nos agrada su forma de ser, últimamente discutimos por todo ya se me olvido porque me case con el (ella). Peleamos frente a nuestros hijos, no nos importa y como tampoco nos interesa arreglar el problema, para demostrar lo inteligente que somos Terminamos divorciados, ¿y los hijos adonde quedan? ¿Qué futuro le espera?

Un porcentaje considerable que cada año va en aumento en México, aquí en los estados unidos, y en otros países, es el de los jóvenes que no terminan sus carreras universitarias, algunos otros ni la secundaria. ¿A qué se debe ese problema? Al principio yo pensé lo mismo que usted, La situación está difícil, no tienen el suficiente apoyo escolar o económico etc. Después de buscar varias razones, me di cuenta que la razón más grande es que le perdieron el amor al estudio, Muchos de los padres piensan que mandándolos a una buena universidad, es garantía que van a ser exitosos Cuando no es así, aquí especialmente en los estados unidos Después de haber analizado y platicado con algunos jóvenes, observe que todos tenían algo en común, tienen todo con que vivir, y vivir bien, a diferencia de otros pero no tienen por qué vivir, No basta con regalarles un carro de cumpleaños, una computadora por levantarse temprano, un viaje a parís por haber pasado el semestre Cuando se encuentra un "porque" a todo lo que hacemos, los regalos son secundarios Recuerde, bien aventurados los que saben a dónde van porque solamente ellos se darán cuenta cuando habrán llegado, ¿y tú cuando te darás cuenta si no sabes a dónde vas? ¿O sí?

Es verdaderamente alarmante en lo que termina la pérdida del amor, Los jóvenes empiezan fumando, después tomando, inyectándose todo tipo de drogas, violando o siendo violados, vendiendo y tatuando su cuerpo, Otros pagando por ello por si no fuera poco terminan metiéndose en bandas de jóvenes delincuentes, matando además jóvenes inocentes, matándose entre ellos, Para otros es el comienzo que esperamos cuando sean adultos. En algunos países, el 60% de los jóvenes son delincuentes, el 30% son para delincuentes, aun no lo son, para allá van con la educación que llevan, La mayoría empiezan desde los 11 o 12 años, algunos a los 15 ya son unos verdaderos delincuentes ¿Qué nos falta por ver? Desde hace años existen películas de terror, donde un grupo de jóvenes se batían a duelo en una sangrienta batalla; en otros, gente secuestrada, violada y decapitada, algunas mucho más sangrientas donde alguien le descuartizaba, cortaba en pedazos a alguien, y luego le quemaba, Causaban tanto terror que al salir del cine respirábamos y decíamos "qué bueno que solo fue una película." Nunca imaginamos que se fuera ser realidad. Estos son solo algunos de cientos de casos reales:

En un mes de diciembre, un señor recién divorciado, como regalo de navidad, mato a su esposa y a sus hijos, después quemo su casa.

En Houston Texas, un joven de 19 años acabo con la vida de su propia madre, después la hundió junto con su camioneta en un rio.

En la misma ciudad, una madre si se le puede llamar así, le corto la cabecita a su niño de escasamente un año.

En un mes de abril, un joven latino fue asesinado y después descuartizado, puesto en una maleta y aventado al agua en la florida.

Algunos otros, llegan de la escuela y se ponen a discutir, como si hubiera animales en las aulas, muchos otros terminan decapitados, secuestrados, torturados; familias enteras sacrificadas, etc. No puede ser que veamos con tanta naturalidad ¿de qué estamos hechos?

Antes de cada veinte historias felices, una era frustrante y triste, muchas veces con un final trágico. Hoy en día, las cosas cambiaron, De cada veinte historias verdaderamente trágicas solo una termina con un final feliz, Cada vez que le quieras hacer daño a alguien recuerda que toda tu vida cargaras con el sentido de culpabilidad. No te voy a decir que no te juntes con avaros, ladrones, egoístas, drogadictos, irrespetuosos, vulgares, borrachos, etc. Porque en ese caso sería necesario salir de este mundo ¿no lo crees?

Que caso tendría nuestra vida, ya que por algún motivo tendríamos que hacer lo mismo que ellos, mejor apartarnos nosotros de ellos pues qué caso tiene tener como un amigo a un "perverso." Así que aprenda, platique, conviva, más con sus hijos para hacerlos hombres y mujeres de bien. Que nos preocupemos por construirles más escuelas y no más consejos tutelares donde ya no caben tantos delincuentes infantiles.

CAPÍTULO 7

INTEGRIDAD

Si sembramos y cuidamos, nuestro árbol

dará buenos frutos

Padre ya algún día llegar hacer una persona íntegra Se pregunta mucha gente, la respuesta es "si" ¿Qué tenemos que hacer? Descubrir la regla de oro, como se dice de los seres humanos. Esas reglas de nuestros valores, lo primero es estudiar, aprender, valorar, y poner en práctica nuestros valores diariamente, hasta que se conviertan en un habito, pero la pregunta obligada es ¿una persona que no sigue la regla será una persona íntegra? Se lo voy a contestar, con un ejemplo de primaria, pero que muchos ignoramos.

Jaime, desde que nació, vive con sus papas y el resto de su familia. Y es como muchos de nuestra época, su mamá y papá toman continuamente. Su papá para reprenderles, les golpea a él y a sus hermanos. Todo el tiempo les llamaba con groserías y vulgaridades, entre hermanos se pelean y se faltan el respeto. Su tío mayor roba y le enseña cómo hacerlo. Lo poco que tienen lo consiguen ilícitamente.

Después de varios años, las cosas cambiaron. Jaime ahora tiene quince años, ha pasado el tiempo, ya no es un niño, es un joven. Un joven que es irrespetuoso, vulgar, toma, fuma, y se droga. Además, robando mató a una persona solo para comprar más drogas. La pregunta es: ¿será una persona íntegra?

Por su puesto que es, es un joven integro. El aprendió sus valores morales, pero al revés. El valor moral de no robaras por robar, no mataras por matar, el de respetar, por no respetar etc. ¿Se da usted cuenta que nadie le dijo que eso estaba mal? Por lo tanto, sí es una persona íntegra. Se le entiende, pero no se le comprende, se le entiende porque así los aprendió, no se le comprende porque a la edad que él tiene ya debería razonar y aprender que eso que él está haciendo está mal.

Si usted siembra una semilla, esa semilla emerge, y nace un árbol, usted se propone, lo riega, lo abona, le pone su desinfectante para protegerlo de los plagas y el medio ambiente. Sin duda crecerá, sano, fuerte, y será conocido por sus buenos frutos. ¿Se da usted cuenta que tan importante papel juega el medio ambiente en nuestros hijos? ¿Por qué no prepararlos también?

La frase de muchos jóvenes que hoy en día utilizan es "déjame aprender de mis errores" en lugar de decir "de mis propias experiencias" ya que los errores te hunden y las experiencias te levantan. Los errores te hacen fracasar, y las experiencias te hacen aprender. Los errores te hacen hacer exactamente lo mismo, sin pensarlo, las experiencias te hacen pensarlo antes de volverlo a hacer. Así que la próxima vez que te equivoques, recuerda; no fracasaste, aprendiste. Sin embargo, no necesitas pasar por las mismas experiencias que pasaron familiares para que aprendas. Si ellos se equivocaron, diez veces, quizá tú te vas a equivocar cinco. Claro Si aprendes de ello, no necesitas divorciarte para vivir la misma experiencia que están viviendo tus padres.

No necesitas drogarte, para saber que se siente drogarse. No necesitas matar para saber que se siente estar en la cárcel, no necesitas maltratar y golpear a tu esposa para saber que se siente ser un macho. ¿Te das cuenta como si se aprende de las experiencias o errores ajenos?

Un día un joven pregunto, que debo hacer, estoy harto de tantos problemas, desilusionado de la vida, siento que nadie me entiende, ni me comprende ¿Habrá un lugar donde no haya problemas? A lo que el maestro contesto, "conoces un lugar que está a las afueras del pueblo, es muy tranquilo, de hecho, casi nadie lo visita." Sorprendido, el joven exclamo, ¿tan cercas? ¡Entonces si existe! ¡Pero lo único que hay a las afueras del pueblo es un cementerio! "exacto, contesto el maestro, ahí se encuentra la gente que ya no tiene problemas, al menos en el mundo de los vivos. Sin embargo, la mayoría de ellos, lo único que heredaron a sus familiares, fue eso, sus problemas. Entiende muy bien esto, los problemas son parte de nuestra vida, no habrá vida sin problemas y dejan de serlo cuando se está preparando para resolverlos, así que ama tus problemas y aprenderás a amar más la vida" finalizo el maestro.

Hay que estar conscientes que las personas no podemos juzgar a las personas, pero si podemos valorarlas de acuerdo a su integridad y a su vez, rodearnos de las mismas, téngalo por seguro que en paz nos acostaremos, y en paz dormiremos. ¿No cree usted, que sería más que magnifico experimentar tan bonita sensación y pertenecer a ese pequeño, pero significativo grupo de personas sin tener que pensar, en lo malo que hemos hecho a diario y no hacer nada por mejorarlo?

CAPÍTULO 8

DIGNIDAD

Piensa con la cabeza, pero cuando hables,

hables,

Deja que lo haga el corazón.

Para poder ser o acercarse a la dignidad, debemos aprender y saber que no podemos vivir en él, ni del pasado si no el aquí y el ahora y, sobretodo, tomando acción para hacer o construir un mejor futuro y yo le digo, es bueno pensar, pero es mejor actuar; ya que la mayoría piensa, pero no actúa. Cuantas ocasiones, usted ha hecho estas preguntas a alguien e incluso a usted mismo, ¿Qué haces? Pensando le contestan, a lo que usted insiste. ¡Pensando! ¿En qué? aloque le contestan, ¡nada más, pensando!

Pensando en la carrera que queremos estudiar, el carro que queremos comprar, la casa que queremos tener, la persona que deseamos ser, la familia que deseamos formar etc. Lo triste es que mucha gente se muere así, pensando, pero nunca lo logro. ¿Te das cuenta, el pensar te lleva a nada? Y logras lo mismo, ¿de qué te sirvió pensar que quieres a tus hijos si no se los dices? ¿Qué amas a tu esposa si no se lo demuestras? ¿Qué tienes sentimientos, si no dejas hablar al corazón? ¿Qué quieres ser mejor persona si tus palabras dicen lo contrario? Así que la próxima vez que pienses; piensa, planea, y hazlo. Si no, no tiene caso que pienses.

¿Sabes que es el pasado? Esto que acabamos de leer, ya pertenece al pasado. Sin embargo, si lo entendiste y entiendes lo que te falta por leer, te ayudara a tener un mejor futuro. Entender que podemos ser mejores personas a partir de que usted tome esa importante decisión, para que posteriormente seas mejor estudiante, mejor hijo(a), mejor esposo(a), mejor papa, y todo eso se logra siendo mejor persona. Y seas conocido por tu nobleza y comportamiento, no puedes pasarte la vida reprochándote los grandes o pequeños errores que marcaron tu vida y pensando si lo hubieras hecho de otra manera sin embargo, si regresamos al pasado, tenlo por seguro que harías o harían lo mismo. Mira, supongamos que a tus catorce o quince años cometiste, para tu edad, según como tú crees, un gran error: embarazaste a tu novia, no te quisiste hacer responsable, y es más, la dejaste y te fuiste lejos. Ya que no querías truncar, ni tu vida, ni tu carrera. Han pasado desde entonces quince años, ahora ya no tienes catorce o quince, si no veintinueve o treinta. No sabes si tu hijo vive o no, ni donde estará. En ese tiempo te has preparado, estudiado, y eso te ha ayudado a entender más la vida y continuamente, te dices a ti mismo: si a mis quince años hubiera tenido la madurez, el estudio, y la preparación que tengo ahora, no hubiera cometido ese error. Pero, da la casualidad, que a tus quince años no tenías la madurez, el estudio, ni la preparación, que ahora tienes, si regresáramos el tiempo, volverías a hacer exactamente lo mismo. Entonces ¿Por qué te reprochas? Mejor aprende a ser feliz contigo y con todos los que te rodean, para que a su vez, hayas madurado, aprendido lo malo y aprenderás a construir lo bueno, lo que es digno para una persona, no se adquiere de la noche al amanecer. Es algo que podemos y debemos adquirir, pero que es progresivo y se va adquiriendo conforme a tus acciones.

No obstante, déjame decirte que una persona digna a su vez, busca siempre algo que a su vez, de la misma manera, sea digno y merecedor de él o de ella. Una casa digna, una familia digna, amigos dignos, un novio(a) digna, un esposo(a) digna, y todo esto se resume en una sola frase, "vida digna" siempre y cuando respetemos la individualidad de los demás. Es muy cierto que nosotros no elegimos la familia, ni donde nacer, pero si podemos elegir donde vivir, te digo con toda seguridad, que si podemos elegir la familia que nosotros posteriormente construiremos. Si elegimos la forma y educación de los hijos que vamos a tener, la esposa y el esposo con quien nos querremos casar, los amigos que vamos a aceptar, la comida que queremos comer, la carrera que queremos estudiar, la casa, que queremos tener, así como las cosas que queremos tener. Así que si no te gusta la familia que construyo tu abuelo, tu padre, tu madre, recuerda que tienes el gran privilegio de elegir.

Piensa y piensa bien ese privilegio, no lo tienen los animales, ni las plantas. Solo seres pensantes como tú, así que si hasta ahora, estás viviendo de la manera que vives bien o mal, golpeada o abnegada, rechazado(a) o aceptado(a), es porque tu solamente tu así lo has decidido. No te quejes, ni culpes a nadie de tu forma de vida, que hasta hoy llevas, porque si tú quieres, puedes cambiar solo necesitas la palabra mágica: decisión.

CAPÍTULO 9

HUMILDAD

Lo material es importante, pero tus obras hacia los demás, harán que vivas entre los vivos.

Se ha preguntado ¿porque después de entablar conversación con una persona, simplemente ya no quieren hablar, salir, e incluso evitar otro encuentro con usted? Existe algo muy importante, que debemos apreciar o distinguir de una persona, y eso es la humildad. Muchas personas dicen un dicho muy cierto, "como nos ven nos tratan." Sin embargo, yo pienso que hay varios tipos de presentaciones, entre otras, dos importantes, que se pueden describir a una persona. Una, la presentación física. Tanto de hombres como mujeres, en cualquier lugar, una persona con una buena presentación física, desde su ropa, coche, medidas, e incluso maquillaje, será bienvenido(a) y tratado(a) con una gran elegancia. Sin embargo, su presentación mental, así como su actitud, deja mucho que desear. Pareciese que alguien con muy mala intención le puso a todos los accesorios lujosos en pleno siglo veintiuno, a un cavernícola, y la mayoría de ese tipo de gente carece e ignora lo que significa "humildad"

Puede ser gente bien vestida, y tener buena posición económica, pero en sus palabras no hay sinceridad, sepulcro abierto es su garganta y con su lengua trata de matar y humillar a los demás. Es que también es muy cierto, que aunque la mona se vista de seda, mona se queda. Sin embargo, no debemos olvidar la otra cara si le damos vuelta a la moneda.

Personas que su ropa no son de la más finísima tela, ni de la última tendencia en la opinión de un diseñador; en algunos casos, el aire se cuela silbando en esos sacos y pantalones rotos. No obstante en muchas de esas personas podemos encontrar que su manera de pensar, actuar, y hablar, solo la podemos encontrar en las mejores universidades. Su boca habla sinceridad, comprensión, y sabiduría llevan sus palabras, porque ellos tienen bien claro que el hábito no hace al monje. Aunque no debemos olvidar, cultivar, y adoptar ambas. Tener tan bonita presentación física, así como una excelente y adecuada presentación mental. Ya que desafortunadamente, en cualquier lugar hoy en día, que usted vaya, más si es gubernamental, lo primero que le observan, entre otras, es el coche y la ropa que porta, y de acuerdo a eso, será saludado, pero todo eso, incluyendo el dinero, algún día se acabaran, o serán heredadas. Sin embargo, las obras de tus manos hacia los demás, harán que vivas entre los vivos. Y te recuerden siempre, porque existe siempre más felicidad en el "dar" que en recibir.

No ignores que al quitar nuestras vestimentas, así como lo que hemos obtenido, todos somos iguales. Nunca envidiemos ni codiciemos, las cosas de los demás. Mejor aprendamos que y como le hicieron para tener lo que ahora tienen.

Así que la mejor presentación de una persona, en cualquier medio, tanto socioeconómica así como cultural, sin duda es la "humildad" y más si es intelectual ya que no se estudia, ni se adquiere logro solo para humillar y menospreciar a los demás, sino todo lo contrario, entenderlos y porque no, ayudarlos. Siempre y cuando se dejen ayudar.

Humildad es algo tan importante en nuestro medio social, que hace falta una excelente aplicación en los humanos, la humanidad. Es lo que distingue al ambicioso del avaricioso, del bondadoso al egoísta, de déspota al comprensivo, del tolerante al intolerante e ignorante.

Desafortunadamente, hoy en día mucha gente estudia y quiere lograr muchas cosas, y eso está muy bien, lo que no está bien es que lo queramos lograr para presumir y satisfacer a los demás. Cuando logres o compres algo, piensa siempre darte gusto a ti, y se humilde. Nunca presumas lo que tienes, puesto que eso solo te incumbe a ti, y lo disfrutaras tú. No siempre le hace bien a los demás saber que has logrado más. Y si lo logras, nunca olvides de dónde vienes y a quien te debes.

Humildad no es rebajarse o hacerse menos ante los ojos de los demás, o así mismo, sino ponerse y comportarse a la altura según las circunstancias. Desde aprender a comer en un lujoso y costoso restaurante con el más finísimo vino, así como en la más humilde choza con un pedazo de pan y un simple vaso de agua. De la misma manera y con la misma humildad, entendiendo la situación de los demás. Si tienes un amigo, conocido, o compañero de la escuela que se empeña en sacar buenas calificaciones o resultados, yo te sugiero que no te burles y enseñes a los demás a no hacerlo. Mucho menos utilizando famosas frases como "cerebrito", "matado", barbero, hijo del maestro y todas esas palabras de las cuales son objeto ese tipo de personas.

No somos conscientes del gran daño que podemos causarles e incluso a nosotros mismos ¿sabes? ¿Por qué? Solo por una razón, probablemente y por simple curiosidad, pregúntate con quien trabaja tu mama o tu papa o quizás tú en un futuro terminaras trabajando con esa y para esa persona. Y quizás de hoy depende que en futuro te acepte en su empresa, o quizá termine ayudándote a salir de un problema. Ya que de lo contrario, lo pensara dos veces antes de contratarte.

Ahora, que si tú eres ese inteligente, que bueno. Pero quizá no te has dado cuenta que todos los somos, solo que tu estas teniendo mejor atención, comprensión, o educación. Y eso nunca nos dará el derecho de abusar de los demás. Mucho menos utilizar sus necesidades para hacerlos sentir mal, ya que ¿has pensado que gracias al esfuerzo, entrega y trabajo de esas personas dependerá el éxito de tu empresa, no te parece? Y si tienes la fortuna de ser el dueño, supervisor, gerente o manager, etc. Le invito a que se comporte y asuma su actitud como si usted fuera el "empleado" y sus empleados, su supervisor. Yo le aseguro que aprenderá a entender y comprender más sus necesidades y el trato hacia ellos será muy diferente, y si el privilegio, es ser el empleado, entonces asuma la actitud del dueño, o manager, solo entonces comprenderemos su justa reacción cuando algo sale mal. Así sabremos hacer las cosas con mayor profesionalismo, cuidar y valorar sus intereses, Ya que nos benefician a ambos.

Ya que no hay negocio sin empleados, ni empleados sin negocio.

Así que la próxima vez que conozcamos a alguien, compremos algo, leamos o hagamos alguna otra adquisición, recuerde, no todo lo que brilla es oro, nunca se adelante ni haga falsas conjeturas. Primero vea, observe, y analice su interior olvidándose del prejuicio.

CAPÍTULO 10

SABIDURIA

Si nos preparamos, las piedras del camino cada vez serán más pequeñas.

Aprendamos ya sea hombre o mujer, a ser personas sabias. Haz fructíferos tus caminos, no despojes al que no tiene, ni desnudes a los que sus ropas les han sido ya quitadas. Mejor estudia y aprende a ser inteligente. Y si no encuentras sabiduría entre los vivos, no pienses que no existe. Entonces busca entre los sabios que se dicen muertos. Recuerda que la mala hierba se da por montones y en cualquier parte. Pero aun en el monte más lejano e incluso entre arbustos, te encontraras la flor más bella que puedes cultivar.

Debes tomar en cuenta, que para ser una persona sabia, no es nada fácil. Tienes que estar dispuesto a caminar quizá donde nadie ha caminado a leer y estudiar lo que quizá nadie ha leído o estudiado; a escribir lo que aún no se ha escrito. Porque una persona sabía es aquella que hace la diferencia.

Construye, no destruye. Que lucha por la igualdad, entiende la misma, y aunque las piedras son muy duras, tarde o temprano algunas se pueden mover.

Por consiguiente, nunca se involucra, siempre se compromete a ayudar, guiar, y sacar adelante una familia, un pueblo, una ciudad, etc. No depende de leyes para ser juzgado y enmendar sus errores, ya que aprende a juzgarse a sí mismo para no caer en lo anteriormente mencionado. No precisamente tienes que esperar a ser de edad avanzada y con canas, ya que la madurez como la sabiduría no se lleva en la edad sino en la manera de pensar. Ya no digamos de un joven, sino de un niño(a) de escasos doce años, con todo y sus chantajes, manipulaciones, poco sentido de responsabilidad, e ignorante cultura. Y por si fuera poco, tan pobre manera de pensar o actuar ante un problema. Piensa entonces que no siempre alguien que vemos como ejemplo, son personas rectas, para seguir el camino que ellos caminan.

El hecho de ser médico, cantante, actriz, deportista, licenciado, presidente, etc. No quiere decir que ese sobrenombre te dará todo lo que anteriormente bueno hemos dicho. Esto me recuerda una anécdota que un humilde maestro n día daba al instruir a sus alumnos cuando decía, "lo que construyes con el pico, con la cola lo vas borrando" así que la próxima vez que haga alguna buena acción, trata de no borrarla haciendo también lo contrario.

Atreves de los años, hemos aprendido frases que se han propagado como epidemia. Y pasan de generación a generación. La gente dice: "es de sabios equivocarse", el sabio no se equivoca, aprende y no vuelve a cometer el mismo error.

La gente dice: "No te preocupes, echando a perder se aprende", yo te digo aprende para que no eches a perder tu noviazgo, tu hijo, tu matrimonio, tu vida y más. La gente dice: "No te creas tan sabio para volar tan alto, porque entre más alto, más duro es el trancazo". Yo te digo, si no aprendes a volar, entonces ¿cuándo sabrás lo que es caer?, ya que no se puede caer si se está en el mismo lugar.

Recuerda que es de sabios rectificar el camino y recuerda que en los lugares que visites y hables con sabiduría, tus palabras serán alivio y compresión, e incluso ayudara a corregir el camino de mucha gente. No lo pienses, solo hazlo.

CAPÍTULO 11

CONCIENCIA

El pasado servirá siempre para mejorar el futuro.

Si nos ponemos y buscamos en el fondo de nuestra conciencia, así conocida por mucha gente, te darás cuenta que hace años, algunos menos según tu edad, existía menos educación académica y más educación cultural.

Desafortunadamente ahora es todo lo contrario. Existe cada vez más educación académica, pero cada vez menos educación cultural. Recuerda que era un orgullo para muchas decir: ojala los hijos salgan a los padres y hereden todo de ellos y aunque las cosas buenas no deberían de cambiar si no mejorar. Sin embargo, hoy en muchas cosas decimos: ojala no salgan como su padre. Te das cuenta de ¿Dónde estamos y hacia dónde vamos? ¿Te has puesto a pensar alguna vez que diferencia existe entre los jóvenes de antes y los de ahora? Físicamente hablando ninguna, pero culturalmente mucha. En muchos ves lo que anteriormente nunca se había visto en un joven, ingiriendo todo tipo de sustancias, suicidándose, disputándose el territorio como si anteriormente hubieran pagado por ello, embarazándose y privando de la vida a un ser que sin culpa alguna tiene que pagar el error de la ignorancia con la vida, algunos utilizando sus propios inventos, no para el crecimiento de la humanidad, sino para chantajear, secuestrar, explotar, matar, etc. En muchos otros después de haber terminado su supuesta universidad teniendo un puesto público y además representándonos en plena sesión mostrando su ignorancia y su poca preparación, solucionando los problemas de la sociedad, golpeándose unos a otros, gritándose estúpidos, idiota, ignorante; sin pensar siquiera que aquel que lo grita se encuentra exactamente haciendo lo mismo, eso hoy en día es el profesionalismo. Si así actúan "los profesionales con toda preparación académica", imagine como actúan los que no la tienen. Que diferente seria vivir, tratar y convivir con personas gentiles, libres para hacer el bien pero no como pretexto para hacer el mal. No somos jueces pero podemos opinar justamente, finalmente todos somos como un mismo sentir, con diferente conciencia fraternal sinceramente queriéndonos, siendo cada día más humanos y amigables, no devolviendo mal con mal ni maldiciones con maldiciones ni envidias con envidia. Sin olvidar que el mal existe, por personas ignorantes e insensatas, en ocasiones también difíciles de soportar, piensa, si no hacemos conciencia en nosotros, nunca podremos hacer conciencia en los demás, ya que como lo mencione en uno de mis capítulos, hasta la persona más ignórate tiene derecho a ser escuchada, aunque nunca estés de acuerdo con el(ella). De hoy en adelante, cuida tu vocabulario y si hablas, habla conforme a las palabras que no haga sentir mal a los demás y dejaras cosas buenas y aprende esto.

Según tu preparación, tu respuesta ante un problema puede ser positiva o negativa, sin medir las consecuencias y quizá sin saber que tu libertad depende de tu reacción, y por ningún motivo permitas que tus problemas envejezcan con tu edad, mucho menos si provienes de una familia, ¿Por qué? Dime quien que tenga una familia se atreverá a hacerle mal y destrozarse así mismo, aun negándolo.

CAPÍTULO 12

SENTIDO DE URGENCIA

No sigamos bebiendo de un veneno

lento pero seguro.

El examen es el próximo lunes, no esperes hasta el domingo para estudiar, quizás no llegues, ¿Por qué la mayoría de la gente siempre espera que el agua le llegue hasta que no pueda respirar más que agua para decidir moverse? En ocasiones por no moverse antes ya es demasiado tarde. ¿Por qué estamos tan acostumbrados a esperar hasta el último minuto para darle sentido de urgencia a las cosas y pensar enserio en busca de una solución? ¿Por qué no penar en dejar el cigarro? Y querer dejarlo cuando ya se tiene cáncer. ¿Por qué aguantar tanto dolor hasta que quizá la única solución es la operación? ¿Por qué esperar a que mi familia que es lo más querido se esté muriendo Para aceptar nuestros errores, tragarnos nuestro orgullo y pedir perdón?, ¿Por qué esperar a que un árbol se seque para sembrar otro?

¿Por qué esperar a que mi hijo este muerto para reprocharme porque no lo ayude a salir de las drogas?, es más fui el último en enterarme. ¿Por qué esperar que nuestro matrimonio esta por fracasar pensando ya en el divorcio para pensar en acudir a una terapia de matrimonio y lamentarnos que si le hubiéramos puesto más atención a nuestro matrimonio, no estuviéramos pasando por esto?, ¿Por qué pensar en abortar después y no haber pensado antes de protegerme cuando tuve relaciones sexuales?, ¿Por qué empezar con los diálogos y famosos pactos de paz entre naciones después de haber muerto mucha gente para terminar la guerra?

¿Por qué no pensamos y comenzamos hacerlo antes? Salvaríamos muchas vidas. ¿Por qué creo que esa es la pregunta que se hace mucha gente?, cuando bien sabemos que la mejor medicina para los grandes, así como las grandes enfermedades es la "PREVENCION".

Habrá algunas cosas con las cuales tendremos que lidiar en el momento porque son parte de la naturaleza, pero no somos tontos para saber que de diez problemas que enfrenta la humanidad, nueve son provocados por nosotros los humanos, si consideramos la prevención y lo conjugamos con el sentido de urgencia, podremos hacer algo. No sigamos destruyendo, en todo los sentidos algo tan bonito que nos fue heredado: el mundo.

Dejamos que lo insignificante pase a ser importante, para que a su vez lo importante se convierta en urgente. Luego, entonces, no tenemos otra opción que buscar la solución, y aunque es triste decirlo en muchas ocasiones la única solución es terminar con la propia vida. Sin embargo, si invertimos los papeles ahorraríamos tiempo, esfuerzo, dinero y además en la mayoría de veces salvaríamos nuestra vida.

Por ejemplo, si dejamos que lo importante se convierta en urgente, y lo insignificante en importante, entonces, exactamente lo urgente pasaría a ser insignificante, por lo tanto la mayor parte de nuestra vida estaríamos llevándola sin urgencias, lo único que tendría que hacer es, a cada problema cambiarle el nombre y ponerle sentido de urgencia, ya que los grandes problemas empiezan siendo algo insignificante, y si no, recuerde, cuando tuvo su último gran problema y ¿Cómo comenzó?

Recuerde que todo problema tiene solución, y no me salga con la famosa y típica frase de: "menos la muerte", porque le diré, la gente no muere, despierta del sueño de la vida.

La vida es un sueño donde se nos da la oportunidad de crear nuestra propia gloria o nuestro propio infierno.

Dios nos dio ese gran regalo ya que no nos cobra por ello tan grande, fue el regalo que nos dio que no sabemos qué hacer con ello.

Si nos creamos la gloria, nos volvemos la mayoría de las veces, déspotas, prepotentes y no queremos compartirla, guardamos nuestra receta en la caja fuerte que nadie la toque, no vaya a ser la de malas como dicen los demás y los demás vallan a tener o lograr lo mismo que yo.

Si nos creamos el infierno, nos volvemos inseguros, vagabundos, vamos por la sociedad cuestionándonos en que fallamos, que hicimos mal para merecer lo que nos pasa, buscamos que alguien nos explique y nos haga entender y al no encontrarlo, terminamos siendo infelices, frustrados y perdiendo el sentido de la vida.

En eso nos surge una gran y fabulosa idea; probablemente no te entienden porque ellos no conocen, ellos probablemente tengan truncas sus ideas.

Sueña, sueña en grande, pero convierte todas tus aspiraciones en metas para que tus sueños no solo queden en tu mente, tienes toda la capacidad de traerlos a la realidad.

CAPITULO 13

GRACIAS

A todas aquellas personas que adoptaron el don del dar.

Recuerdo una frase de un gran ser humano que lucho por la igualdad no solo de genero sino también de valores (BATLE OF THE SEXES) Billi Jean, "todos nos merecemos el pastel y el glaseado"

Esto es muy cierto siempre y cuando luchemos por ello, sin duda hay que dar gracias a esas personas que entienden y saben que no hay mejor herencia para los seres humanos que los valores morales. En todo el mundo juegan un papel muy importante en la vida por ejemplo en los negocios donde se pone a prueba la lealtad, el carácter, el no mirar hacia atrás si no siempre hacia delante pase lo que pase no darse por vencido.

Es preferible caminar de pie que de rodillas, esa es tu elección.

En el matrimonio muchas personas se divorcian porque esa es la salida más fácil, ese tipo de personas fueron educadas de apariencia y no de carácter, a la mínima discusión, problema o diferencia de opinión se dan por vencidos, no solo en el matrimonio, si no, en el noviazgo, trabajo, escuela, proyecto, etc.

La apariencia nos hace rendirnos mucho antes de dar el segundo paso, para otros ni el primero, solo nos educaron la salida fácil. Las personas de carácter y valores, regularmente buscan las cosas más difíciles de hacer y les cambian de nombre: a las imposibles les dicen difíciles, a las difíciles les dicen complicadas por lo tanto los problemas para ellos no existen, solo los consideran retos en el camino hacia donde van, siempre buscan no solo una, sino muchas más opciones antes de dejar o abandonar o que iniciaron llámese matrimonio, escuela, trabajo, negocio, política, religión, proyecto etc. Si usted es este tipo de persona considérese afortunado y tiene a alguien a quien agradecer y si no déjeme decirle que usted se puede convertir en ese tipo de persona, gracias a esas personas se reconoce que aún tienen valores y digo se reconocen porque en ellos prevalece el respeto y no la altanería, la humildad, no la arrogancia, el altruismo y no la avaricia, la sonrisa y el abrazo verdadero y no la hipocresía, la paciencia y no el reproche, el derecho de expresión pero sobre todo saber que mi espacio termina donde empieza el de la otra persona. En lo particular considero de los más importantes el respeto para llevar una vida como la que aun somos pero que a veces ya dudamos, seres humanos, solo entonces seremos libres de ser como somos querer a quien queramos y caminar libres donde vallamos.